Karl-Heinz Groth (Texte)
Werner Otto (Fotos)

Kiel

deutsch english français

Wartberg Verlag

Übersetzungen:
Dr. Anthony Alcock, Kassel (engl.)
Annie Carroy-Schwarz, Kassel (frz.)

1. Auflage 2012

Satz und Layout: Designbüro Gerald Halstenberg, Berlin
Druck: Bernecker MediaWare AG, Melsungen
Buchbinderische Verarbeitung: Büge, Celle

34281 Gudensberg-Gleichen, Im Wiesental 1
Telefon: 0 56 03 - 9 30 50
www.wartberg-verlag.de
ISBN 978-3-8313-2491-0

Vorwort

Tor zum Norden – Mekka des internationalen Segelsports – Magnet des Welthandballs – viele Superlative für eine kleine Landeshauptstadt, die im Zweiten Weltkrieg zu ca. 80 Prozent zerstört wurde. Kiel hat nun aber auch viel zu bieten: Als Wahrzeichen den 106 m hohen Rathausturm und den Fernsehturm, die Nikolaikirche, den Kleinen Kiel, das Schloss und natürlich den Hafen.
Die Kieler Förde ist ein Eldorado für die Freunde des Wassersports und der Natur. Großveranstaltungen wie die Kieler Woche ziehen alljährlich Zigtausende Besucher an und die seit Jahrzehnten erfolgreichen Handballspieler des THW sind das sportliche Aushängeschild der Stadt. Daneben gibt es stille Orte wie den Südfriedhof mit seiner interessanten Architektur oder den botanischen Garten.

Begleiten Sie uns bei unserem Streifzug durch Kiel!

Karl-Heiz Groth
Werner Otto

Preface

Gate to the North – Mecca of international sailing – hub of world handball – many superlatives for a small state capital, of which 80 per cent was destroyed in World War II. Today's Kiel has much to offer: Its landmarks are the Rathausturm (Town Hall Tower) with a height of 106 metres and the television tower, Nikolaikirche (St Nicolas' Church), Little Kiel, the castle and of course the harbour.
The Kiel fjord is a paradise for nature lovers and all those that enjoy water sports. Mega events like Kiel Week (Kieler Woche) attract tens of thousands of visitors every year, and the handball team of THW, which has been successful for decades, is the sports flagship of the city. In addition, there are quiet places like Südfriedhof (South Cemetery) with its interesting architecture or the botanical gardens.

Come and join us for our ramble through Kiel!

Karl-Heinz Groth
Werner Otto

Préface

Porte du nord – Mecque de la plaisance internationale – pôle d'attraction du handball mondial – beaucoup de superlatifs pour une petite capitale de Land détruite à env. 80 % lors de la Seconde Guerre mondiale. Mais Kiel a aussi beaucoup à offrir: son emblème, la tour haute de 106 m de la mairie, la tour de télévision, l'église Saint-Nicolas, le Petit Kiel, le château et, naturellement, le port.
Le fjord de Kiel est un eldorado pour les amateurs de nautisme et de nature. De grandes manifestations comme la Kieler Woche attirent chaque année des dizaines de milliers de visiteurs et les handballeurs du THW, dont le succès ne se dément pas depuis des dizaines d'années, sont le fleuron sportif de la ville. Mais il y a aussi des endroits paisibles comme le cimetière Sud avec son architecture intéressante ou le jardin botanique.

Accompagnez-nous dans notre balade à travers Kiel.

Karl-Heiz Groth
Werner Otto

Angekommen! | Arrived! | Arrivés!

Der Kieler Hauptbahnhof

Zu Zeiten Kaiser Wilhelm II. (1859–1941) wurde der Hauptbahnhof in Etappen umgebaut, da der Monarch Kiel wegen seines Kriegshafens häufig besuchte. Die starken Zerstörungen im Zweiten Weltkrieg machten eine umgehende Instandsetzung in den Jahren 1950–1955 erforderlich. Zu den Olympischen Spielen 1972 wurde der Bahnhof modernisiert, aber erst mit dem gigantischen Umbau in den Jahren 1999–2004 präsentiert sich der Hauptbahnhof als einer der schönsten und modernsten Bahnhöfe Deutschlands. Der Haupteingangsbereich des Kieler Hauptbahnhofs befindet sich auf der Nordseite.

Kiel Main Station

During the times of the German Emperor Wilhelm II. (1859–1941) the main station was rebuilt in stages, because the monarch used to visit Kiel frequently on account of its naval port. The extensive destruction during World War II necessitated speedy repairs in the years from 1950–1955. For the Olympic Games in 1972 the station was modernised, but it has taken a gigantic rebuilding effort from 1999 to 2004 to make the main station one of the finest and most modern railway stations in Germany. The station's main entrance area is on the north side.

La gare centrale de Kiel

Du temps de l'empereur Guillaume II (1859–1941), la gare centrale a été construite par étapes parce que le monarque se rendait fréquemment à Kiel à cause de son port de guerre. La ville ayant été gravement endommagée pendant la Seconde Guerre mondiale, il a fallu la reconstruire dans les années 1950–1955. Elle a été modernisée pour les Jeux Olympiques de 1972 mais c'est seulement depuis les travaux effectués dans les années 1999–2004 que la gare centrale se présente comme l'une des plus belles et des plus modernes d'Allemagne. L'entrée principale de la gare de Kiel se trouve sur sa façade Nord.

DB
HAUPTBAHNHOF
Da
nah.sh

Sophienhof

Das Einkaufszentrum Sophienhof, das 1988 eröffnet wurde, ist bei Einheimischen und Gästen sehr beliebt. Auf zwei Etagen und mehr als 32 000 m² finden sich zahlreiche Geschäfte und Restaurants, Büros, Wohnungen und ein Ärztehaus.

Sophienhof

The shopping centre Sophienhof was opened in 1988 and enjoys popularity among locals and visitors alike. Two storeys and 32.000 square metres provide space for a multitude of shops and restaurants, offices, residential apartments and a health centre.

Sophienhof

Inauguré en 1988, le centre commercial Sophienhof est très apprécié des habitants et des visiteurs de Kiel. D'une superficie de plus de 32 000 m² répartis sur deux étages, il abrite de nombreux magasins et restaurants, des bureaux, des appartements et un centre médical.

Von der Westseite verbindet ein Fußgängerüberweg den Reisenden mit dem Sophienhof. Eine geschlossene Fußgängerbrücke ermöglicht es, das Einkaufszentrum trockenen Fußes zu erreichen.

From the west side a pedestrian bridge provides access to Sophienhof for travellers. Thanks to the covered walkway travellers can reach the shopping centre without getting wet even in bad weather.

Une passerelle couverte relie l'ouest de la gare au Sophienhof permettant ainsi aux voyageurs de rejoindre le centre commercial à pied sec.

Ein Bummel – Die Kieler Innenstadt

Ein Blick von oben

Dieser Blick vom 106 m hohen Rathausturm erfasst im Vordergrund den Opernkomplex am Rathausmarkt mit einem Teil des Hiroshima-Parks. Inmitten des Bildes erstreckt sich der Kleine Kiel. Im Hintergrund links erkennen wir das Gebäude des ehemaligen Justizministeriums. Daneben residiert die Förde Sparkasse und etwas weiter rechts erhebt sich aus der beschaulichen Idylle das Hochhaus der HSH-Nordbank. Der historische Stadtkern wurde mit den Bombenangriffen am 13. Dezember 1943 vollständig zerstört.

A Stroll – Kiel City Centre

A view from above

This view from the Rathausturm (Town Hall Tower) with its 106 metres comprises the opera complex on Rathausmarkt in the foreground with a part of Hiroshima park. The middle grown is occupied by Kleiner Kiel. In the background the building that was formerly the State Ministry of Justice is visible. Next to it is the Förde Sparkasse (Savings Bank) and a little further to the right the tower block of HSH-Nordbank rises above its idyllic surroundings. The historic city centre was completely destroyed in the bomb attacks on December 13, 1943.

Balade dans le centre-ville de Kiel

Vue d'en haut

Du haut des 106 m de la tour de la mairie, on aperçoit au premier-plan le complexe de l'Opéra de la place de la Mairie et une partie du parc Hiroshima. Au centre de la photo s'étend le Petit Kiel. À l'arrière-plan à gauche, nous reconnaissons le bâtiment de l'ancien ministère de la Justice. À côté se trouve la banque Förde Sparkasse et un peu plus à droite, la tour de la banque HSH-Nordbank domine le paysage idyllique. Le centre historique de la ville a été totalement détruit dans les bombardements du 13 décembre 1943.

Der Kleine Kiel

Der Kleine Kiel war vor Jahrhunderten ein sumpfiges Moor, das an der Stelle des heutigen Bootshafens am Berliner Platz mit der Förde verbunden war. Bis 1862 umschloss das Moor einen etwa 30 ha großen Stadtkern. Danach veränderten Trockenlegungen und Begradigungen die Uferlinie und ermöglichten den Bau von Gebäuden mit Gartenanlagen. So entstanden u. a. das heutige Opernhaus und der Hiroshima-Park.

Kleiner Kiel (Little Kiel)

A couple of hundred years ago Kleiner Kiel was a swampy marsh which was connected to the fjord in the area of today's boat harbour at Berliner Platz. Until 1862 this marsh surrounded an area of 30 hectares of the city centre. Later on, drainage works and channelling changed the shoreline and facilitated the construction of buildings and gardens, which include today's opera house and Hiroshima Park.

Le Petit Kiel

Il y a des siècles, le Petit Kiel était un marécage en bordure du fjord. C'est maintenant le port de plaisance de la place de Berlin. Jusqu'en 1862, le marécage entourait un centre-ville d'environ 30 ha. Plus tard, des travaux d'assèchement et de rectification des berges ont transformé le tracé des rives et rendu possible la construction de bâtiments dotés de jardins d'ornement. C'est ainsi qu'ont été entre autres construits l'actuel Opéra et le parc Hiroshima.

Klaus-Groth-Denkmal

Am Kleinen Kiel, am Ende des Lorentzendammes, ist für den neben Fritz Reuter wohl bedeutendsten niederdeutschen Dichter Klaus Groth (1819–1899) ein monumentales Denkmal errichtet worden. Es stammt von dem Kieler Bildhauer Heinrich Missfeld (1872–1945) und ist eines seiner bekanntesten Werke.

Klaus Groth Monument

On the banks of Kleiner Kiel, at the end of Lorentzendamm (Lorentzen Dyke) a large monument has been erected for Klaus Groth (1819–1899). He is – next to Fritz Reuter – the most important Low-German poet. The statue was fashioned by the local sculptor Heinrich Missfeld (1872–1945) and is one of his best-know works.

Monument Klaus-Groth

Dans le quartier du Petit Kiel, au bout de la digue Lorentz, se dresse le monument de Klaus Groth (1819–1899) qui est bien, avec Fritz Reuter, le plus important des poètes bas allemands. C'est l'une des œuvres les plus connues du sculpteur kielois Heinrich Missfeld (1875–1945).

Der Alte Markt

Dieser Blick auf den belebten Alten Markt zeigt uns im Hintergrund (Nordseite) noch Reste der alten Fassaden. Die Umgestaltung des Marktplatzes mit seinen dunklen Pavillons lässt einen wenig sensiblen Umgang mit der Geschichte erkennen. Reste des Backstein-Kellergewölbes des „Alten Rathauses" wurden 1972 überbaut und sind nur durch den Besuch des dazugehörigen Restaurants zugänglich.

Alter Markt (Old Market Square)

In the background of this view of the busy Alter Markt we can see remains of old façades. The redesign of the market square with its dark pavilions demonstrates a lack of sensitivity in the handling of historical settings. In 1972, these new structures were built over the remains of the brick-vaulted cellars of 'Altes Rathaus', which are now accessible only by visiting the restaurant that occupies the site.

Le Vieux Marché

Cette vue de la place pleine d'animation du Vieux Marché nous montre à l'arrière-plan (côté nord) des vestiges des anciennes façades. Le réaménagement de la place a été fait avec bien peu de respect pour le passé historique, comme en témoignent les pavillons sombres. Il n'est plus possible d'accéder à ce qui reste des caves voûtées en brique de la «Vieille Mairie» qu'en passant par son restaurant.

Die Nikolaikirche

Church of St Nicolas

L'église Saint-Nicolas

Zerstört und wiederaufgebaut

Die Nikolaikirche befindet sich am Alten Markt am Ende der lebhaften Holstenstraße. Kiels Hauptkirche weist eine wechselvolle Geschichte auf. Am 22. Mai 1944 wurde die Kirche vollständig zerstört. Die wertvollen Innenausstattungen wie der Flügelaltar, das Bronze-Taufbecken, das Triumphkreuz, die barocke Kanzel, das Rantzaugestühl und wertvolle Epitaphien konnten vor den Bomben des Zweiten Weltkrieges gerettet werden. Zu Beginn der 50er-Jahre erfolgte der Wiederaufbau nach den Plänen des Architekten Gerhard Langmaack, wobei Betonpfeiler eingesetzt und eine Stahlbetondecke eingezogen wurden.

Destroyed and rebuilt

The Nikolaikirche is situated on the old market square at the end of the busy Holstenstraße. Kiel's main church has an eventful history. It was completely destroyed on May 22, 1944. The interior decoration that consisted of valuable pieces of art, like a winged altar, a bronze baptistery, a triumphal cross, a baroque pulpit, the Rantzau choir stalls, as well as valuable stone memorials could be saved from the bombs of World War II. In the early 1950s the church was reconstructed according to plans drawn up by the architect Gerhard Langemaack, using concrete pillars and a ceiling of reinforced concrete.

Détruite et reconstruite

L'église Saint-Nicolas se trouve place du Vieux Marché, à l'extrêmité de la rue Holstenstraße. L'histoire de Saint-Nicolas est riche en péripéties puisque l'église a été complètement détruite le 22 mai 1944. Sa décoration intérieure de valeur – comprenant le triptyque, le baptistère en bronze, la croix de triomphe, la chaire baroque, les stalles de Rantzau et de précieuses épitaphes – a pu être mise à l'abri des bombes de la Seconde Guerre mondiale. Reconstruite au début des années 50 d'après des plans de Gerhard Langmaack, elle est maintenant dotée de piliers en béton et d'un plafond en béton armé.

Flügelaltar

Der Altar aus dem Jahre 1460 wurde von der Adelsfamilie von Ahlefeldt für das damalige Franziskanerkloster gestiftet. Nach dessen Auflösung im Zuge der Reformation wurde der Altar in der Nikolaikirche aufgestellt. Erbaut wurde der Altar von einem unbekannten Meister aus Lübeck. Die geschnitzten und bemalten Flügel des geöffneten Altars zeigen Szenen aus der Passions- und Ostergeschichte Christi und aus dem Marienleben. Wenn der Altar am Karfreitag geschlossen wird, sind sechs Franziskaner-Heilige zu sehen. Der Untersatz (Predella) präsentiert die acht Propheten.

Winged Altar

The altar was donated by the noble family of von Ahlefeldt for the then Franciscan monastery and dates back to 1640. After the dissolution of the monastery in the course of the Reformation the altar was mounted in Nikolaikirche. It is the work of an unknown master from Lübeck. When opened the carved and painted wings display scenes from the Passion and Resurrection of Christ and from the life of Mary. When the altar is closed on Good Friday, six Franciscan saints become visible. The stand (predella) displays the eight prophets.

Triptyque

Cet autel datant de 1460 a été donné par la famille von Ahlefeldt au couvent franciscain de l'époque. Après la dissolution de ce dernier au cours de la Réforme, l'autel a été installé dans l'église Saint-Nicolas. De celui qui a réalisé ce triptyque, on sait seulement qu'il était de Lübeck. Les ailes sculptées et peintes de l'autel ouvert montrent des scènes de la Passion du Christ et de la vie de Marie. Quand le triptyque est fermé, le jour du Vendredi saint, on peut voir les six saints franciscains. Sur la prédelle sont représentés les huit prophètes.

Der Geistkämpfer

Diese Plastik schuf der bekannte expressionistische Bildhauer Ernst Barlach (1870–1938) 1928 im Auftrag der Stadt Kiel. Der Engel, der ein Schwert trägt und auf einem wolfsähnlichen Tier steht, symbolisiert den Sieg des Geistes über das Böse. Ursprünglich stand der „Geistkämpfer", der seinen Namen von der Kieler Bürgerschaft erhielt, vor der Heiligengeistkirche. Die Nationalsozialisten entfernten die Skulptur als „entartete Kunst". 1954 wurde die Skulptur auf ihrem heutigen Platz, links vor dem Haupteingang der Nikolaikirche, wieder aufgestellt.

Geistkämpfer (Spirit Fighter)

This statue commissioned by the city of Kiel in 1928 and created by the well-known Expressionist sculptor Ernst Barlach (1870–1938). The angel who is carrying a sword and is standing on a wolf-like animal, symbolises the victory of the spirit over the powers of evil. The name 'Geistkämpfer' was given by the citizens of Kiel. Originally, the statue was situated outside Heiligengeistkirche (Church of the Holy Spirit). The Nazis removed it as they considered it 'degenerate art'. In 1954, the statue was put up again in its current location, to the left of the main entrance of Nikolaikirche.

Le Combattant de l'Esprit

Cette sculpture a été commandée en 1928 par la ville de Kiel au célèbre sculpteur expressionniste Ernst Barlach (1870–1938). L'ange, qui porte une épée et se tient debout sur le dos d'un animal ressemblant à un loup, symbolise la victoire de l'esprit sur le mal. La statue, qui avait reçu son nom des citoyens de Kiel, se dressait à l'origine devant l'église du Saint-Esprit mais avait été retirée par les nazis pour qui elle était le symbole de l'«art dégénéré». Elle a été installée à son emplacement actuel en 1954, à gauche de l'entrée principale de l'église Saint-Nicolas.

Neues Rathaus mit Stadtbücherei

An der Stelle des ehemaligen kaiserlichen Postamtes, das um 1900 gebaut wurde, an der heutigen Andreas-Gayk-Straße, steht das Neue Rathaus, das 1996 von der Stadt Kiel als fertiger Gebäudekomplex gekauft wurde. Städtische Einrichtungen, die bis dahin über die ganze Stadt verstreut untergebracht waren, wie die Zentralbibliothek, die Stadtbücherei oder die Stadtgalerie, fanden darin eine neue Heimat.

New Town Hall with public library

The new town hall was constructed on the site of the former imperial post office, which had been built around 1900, on what is now called Andreas-Gayk-Straße. The finished building complex was bought by the City of Kiel in 1996. Communal institutions like the central and public libraries and the city's art gallery, which up to then had been distributed over various locations in the city, found a new home in here.

Nouvelle Mairie et bibliothèque municipale

À l'emplacement de l'ancien bureau de poste impérial, construit vers 1900, se dresse le complexe de la Nouvelle Mairie acheté clés en main par la ville de Kiel en 1996 et situé dans l'actuelle rue Andreas-Gayk. Il abrite aujourd'hui des services municipaux qui étaient jusque là disséminés à travers toute la ville, tels la bibliothèque centrale, la bibliothèque municipale ou le musée d'art moderne.

Ein Kieler Wahrzeichen

Das historische Rathaus

Eines der markantesten und „herausragendsten" Bauwerke Kiels ist der Rathausturm. Am 12. November 1911 wurde das von Hermann Billing entworfene neue Kieler Rathaus in Anwesenheit von Kaiser Wilhelm II. eingeweiht. Das historische Rathaus ist heute der Sitz des Oberbürgermeisters der Stadt Kiel, beherbergt u. a. die Kämmerei, das Personal- und Sozialamt, das Bauamt sowie Sitzungssäle. Rechts im Bild die Oper.

A Symbol of Kiel

The historic town hall

One of the most striking and outstanding buildings of Kiel is the Rathausturm (Town Hall Tower) On November 12, 2011 the new town hall, which had been designed by Hermann Billing, was inaugurated in the presence of the emperor Wilhelm II. Today, the historic town hall is the seat of the mayor, and houses – among others – the municipal finance department, personnel, construction departments as well as the office for social security and assembly halls. On the right is the opera.

Un emblème de Kiel

La Vieille Mairie

La tour de la mairie est l'un des monuments les plus remarquables de Kiel. Construite d'après les plans d'Hermann Billing, la mairie a été inaugurée le 12 novembre 1911 en présence de l'empereur Guillaume II. Elle est aujourd'hui le siège de la mairie de Kiel, avec entre autres l'administration des finances municipales, le service du personnel et les bureaux d'aide sociale, le service de l'urbanisme ainsi que des salles de réunion. À droite sur la photo, l'Opéra.

Der Schwertträger

Die imposante Rolandfigur, im Jahre 1904 von dem in Kiel bekannten Bildhauer Adolf Brütt gefertigt (von ihm stammt auch die Plastik „Gerettet“ in Möltenort), trägt, fast unbekleidet, ein riesiges Schwert in der Hand. Sie beherrschte den ehemaligen Schwertträgerbrunnen und sollte, dem Rathaus abgewandt, das Gebäude symbolisch schützen. Anlässlich der Olympischen Segelwettkämpfe 1972 wurde der Schwertträger einige Meter zurückversetzt, um sich selbst gedreht, in Richtung Rathaus. Der Schutzgedanke war seitdem nicht mehr von Belang.

Swordsman

The impressive statue of an almost naked Roland created by the sculptor Adolf Brütt in 1904 (he also created the monument 'Gerettet' ('Saved') in Möltenort) holds up an enormous sword. It used to dominate the former swordsman's fountain and was supposed to symbolically protect the town hall at its back. On occasion of the Olympic sailing competitions in 1972 the swordsman was moved back by a few yards and turned to face the town hall. The idea of protection was no longer important.

Le Porteur d'Épée

Cette imposante statue d'un Roland presque nu portant une immense épée a été réalisée en 1904 par le sculpteur Adolf Brütt qui est très connu à Kiel (on lui doit aussi la sculpture «Sauvée» qui se trouve à Möltenort). La statue dominait autrefois l'ancienne fontaine du Porteur d'Épée et était censée protéger symboliquement la mairie à laquelle elle tournait le dos. À l'occasion des épreuves olympiques de voile de 1972, le Porteur d'Épée a été repoussé de quelques mètres et tourné face à la mairie. Son rôle de protecteur appartient depuis au passé.

Das Ensemble

Blick vom angrenzenden Hiroshima-Park auf das Opernhausensemble und den Rathausturm im Hintergrund.

The Ensemble

View from the adjacent Hiroshima park onto the opera ensemble with the town hall tower in the background.

Vue d'ensemble

Le complexe de l'Opéra et la tour de la mairie à l'arrière-plan vus du parc Hiroshima avoisinant.

Das Opernhaus

Direkt gegenüber dem Rathaus wurde am 1. Oktober 1907 das von Heinrich Seeling erbaute Kieler Opernhaus mit Beethovens „Fidelio" eingeweiht. Nach den schweren Zerstörungen während des Zweiten Weltkriegs begann 1952 der Wiederaufbau, der äußerlich stark an die Seelingsche Architektur angelehnt war, insbesondere beim Besuchereingang mit Freitreppe und drei Portalen zum Kleinen Kiel hin. Anlässlich der Olympischen Spiele wurde 1972 ein dunkler Kubus als Betriebsgebäude hinzugefügt. 1993 ist das Opernhaus als Kulturdenkmal von besonderer Bedeutung in das Denkmalbuch eingetragen worden.

The Opera

On October 1, 1907 the Kiel opera house was inaugurated with a performance of Beethoven's 'Fidelio'. It was built by Heinrich Seeling and is situated directly opposite the town hall. After the massive destruction during World War II reconstruction began in 1952, largely recreating the external appearance of Seeling's structure, in particular the visitors' entrance with its outside staircase and the three entrances towards Kleiner Kiel. On account of the Olympic games in 1972 a service building in the shape of a dark cube was added. In 1993, the Opera was put on the list of monuments as a cultural monument of special importance.

L'Opéra

En face de la mairie se dresse l'Opéra construit par Heinrich Seeling et inauguré le 1er octobre 1907 avec le «Fidelio» de Beethoven. Après les lourdes destructions de la Seconde Guerre mondiale, la reconstruction du bâtiment a commencé en 1952 en s'inspirant fortement de l'architecture de Seeling pour l'extérieur, particulièrement en ce qui concerne le perron d'entrée et les trois portails donnant sur le Petit Kiel. À l'occasion des Jeux Olympiques, un bâtiment d'exploitation en forme de cube de couleur foncée a été rajouté en 1972. L'Opéra a été porté sur la liste des monuments culturels d'importance en 1993.

Die Kieler Oper von innen

Die Besucherränge der Kieler Oper sind licht, funktional und freundlich gestaltet.

The interior of the Opera House

The visitors' seats of the Kiel Opera are designed to be light, functional and pleasant.

Intérieur de l'Opéra de Kiel

La décoration de la salle de l'Opéra de Kiel est claire, fonctionnelle et agréable.

Der Hiroshima-Park

Der vor dem Opernhaus liegende Park mit seinen alten Baumbeständen ist zur Erinnerung an die Opfer des Atombombenabwurfs vom 6. August 1945 in „Hiroshima-Park" benannt worden. Das Bismarck-Standbild des Künstlers Harro Magnussen, im Jahre 1908 errichtet, passt aus heutiger Sicht so gar nicht zu dem Anliegen des Gedenkens.

Hiroshima Park

The park in front of the Opera with its old trees was named Hiroshima Park to commemorate the victims of the nuclear bombs that were dropped on Hiroshima on August 6, 1945. From a current point of view, the Bismarck statue created by Harro Magnussen and erected in 1908 does not seem suitable for this purpose.

Le parc Hiroshima

Le parc planté de vieux arbres qui s'étend devant l'Opéra a été baptisé «parc Hiroshima» en souvenir des victimes du bombardement du 6 août 1945. La statue de Bismarck de 1908 du sculpteur Harro Magnussen ne semble plus du tout à sa place dans ce lieu de mémoire.

Die Fußgängerzone

Holstenstraße

Die Holstenstraße ist Deutschlands erste Fußgängerzone und wurde am 12. Dezember 1953 für den Verkehr gesperrt, natürlich zunächst gegen den Willen der Kaufleute. Als sich aber schnell abzeichnete, dass das Konzept aufzugehen schien, folgte die begeisterte Unterstützung auf dem Fuße.

The Pedestrian Precinct

Holstenstraße

Holstenstraße is Germany's first pedestrian precinct. It was closed for traffic on December 12, 1953, a measure which as a matter of course was opposed by the local tradespeople. However, when they realised that the concept did in fact work out, enthusiastic support followed almost immediately.

La zone piétonne

Rue Holstenstraße

La rue Holstenstraße est la première zone piétonne d'Allemagne et a été fermée à la circulation automobile le 12 décembre 1953, naturellement d'abord contre la volonté des commerçants. Mais on s'est rapidement aperçu que le concept semblait réussir et l'opposition du début a bientôt fait place à un soutien enthousiaste.

Bootshafen und Berliner Platz

Im Vordergrund ist der Bootshafen zu sehen, der 2002 neu gestaltet wurde. Dahinter liegt der „Berliner Platz“, links daneben ein Kaufhaus und gegenüber, in der Holstenstraße, eines der ältesten Kieler Fachgeschäfte Ferdinand Meislahn, ein Mode- und Wäschehaus. Alles überragend der Rathausturm mit seinen 106 Metern Höhe.

Boat Harbour and Berlin Square

In the foreground you see the boat harbour, which was redesigned in 2002. At the back of it is Berliner Platz, to the left a department store and opposite, on Holstenstraße, one of Kiel's oldest specialist retailers, 'Ferdinand Meislahn' a shop for fashion and linen goods. Above all of these projects the Rathausturm (Town Hall Tower) with a height of 106 metres.

Port de plaisance et place de Berlin

Au premier plan, on voit le port de plaisance qui a été réaménagé en 2002. Derrière se trouve la place de Berlin, à côté à gauche un grand magasin et en face, rue Holstenstraße, l'un des plus anciens magasins spécialisés de Kiel, le magasin de mode Ferdinand Meislahn. Le tout est dominé par la tour de la mairie haute de 106 mètres.

Europaplatz

Ein Magnet für Ruhe suchende Touristen und stressgeplagte Kieler ist der von Pavillons und Bäumen umsäumte Europaplatz zwischen der Holstenstraße und der Sparkassenarena.

Europaplatz (Europe Square)

This square is located between Holstenstraße and Sparkassen-Arena (Savings Bank's Sports Hall). With its border of pavilions and trees Europaplatz is an attraction for tourists who are looking for some peace and quiet as well as for stress-plagued locals.

Place de l'Europe

Elle attire touristes à la recherche de calme et Kielois stressés: la place de l'Europe est entourée de pavillons et d'arbres et est située entre la rue Holstenstraße et la Sparkassenarena.

Das Kieler Schloss

Der Ostflügel

Das Kieler Schloss war 1665 Gründungsort der Kieler Universität Christiana Albertina. Am 4. Januar 1944 brannte das bedeutende Renaissance-Bauwerk nach einem Bombenangriff völlig aus. Die notwendige Neuordnung der Kieler Innenstadt und des Fördeufers machte einen Schlossneubau erforderlich, der durch eine architektonisch völlig missglückte Passage mit dem Rantzaubau, dem einzig erhaltenen Westflügel aus der Schaffenszeit des italienischen Baumeisters Domenicus Pelli, verbunden worden ist. Jährlich finden etwa 300 Veranstaltungen statt, die von ca. 200 000 Menschen besucht werden. Seit 2003 befindet sich das „neue" Schloss im Privatbesitz, seit 2005 steht es unter Denkmalschutz. Hier im Bild der Ostflügel des Kieler Schlosses, der in den 60er-Jahren erbaut wurde.

Kiel Castle

The East Wing

In 1655 Kiel Castle witnessed the founding of Kiel's university, the Christiana Albertina. On January 4, 1944 the important Renaissance building burnt down completely after a bomb attack. The necessary reorganisation of Kiel's city centre required a reconstruction of the castle. It was linked to the Rantzau wing which is the only surviving west wing from the time of the Italian master-builder Domenicus Pelli by a passage way that has to be described as an architectural failure. About 300 events which are visited by about 200,000 people take place here every year. Since 2003 the 'new' castle has been privately owned and since 2005 it has been included in the list of monuments under preservation order. The photograph shows the east wing of Kiel Castle which was built in the 60s.

Le château de Kiel

L'aile Est

C'est au château de Kiel qu'a été fondée l'université Christiana Albertina en 1665. Le 4 janvier 1944, le bâtiment Renaissance disparaissait dans un incendie après un bombardement. À la suite du nécessaire réaménagement du centre-ville de Kiel et de la Promenade des bords du fjord (Fördeufer) il a fallu reconstruire le château qu'un passage (un vrai échec sur le point architectural) relie au bâtiment Rantzau (ancienne aile Ouest du château et la seule encore conservée de l'architecte italien Domenicus Pelli). Chaque année y sont organisées environ 300 manifestations qui attirent à peu près 200 000 personnes. Le «nouveau» château est propriété privée depuis 2003 et monument classé depuis 2005. La photo montre l'aile Est du château de Kiel construite dans les années 60.

Der Rantzaubau

Der Rantzaubau an der Westseite des Schlossplatzes (erbaut 1607) stammt aus der Schaffenszeit des italienischen Baumeisters Domenicus Pelli (1657–1728) und ist der einzig erhaltene historische Gebäudeteil des Kieler Schlosses.

Rantzaubau (Rantzau Wing)

Rantzaubau on the west side of the castle square (built in 1607) dates from the working period of the Italian master-builder Domenicus Pelli (1657–1728) and is the only surviving part of the historical castle of Kiel.

Le bâtiment Rantzau

Construit sur le côté Ouest de la place du château (1607), ce bâtiment que l'on doit à l'architecte italien Domenicus Pelli est la seule partie d'origine du château de Kiel.

Kilia

Die überlebensgroße Bronzefigur des Bildhauers Lürssen steht heute vor dem Eingang des Nordelbischen Kirchenamtes Ecke Dänische Straße, in unmittelbarer Nähe des Schlosses. Sie hat ein Mauerkrönchen auf dem Kopf, einen Lorbeerkranz in der ausgebreiteten linken Hand und ein Ruder als Zeichen kluger Staatslenkung in der rechten Hand und soll Kiel als Spenderin darstellen. Viele Jahrzehnte stand die Kilia auf Gut Hemmelmark bei Eckernförde, dem Anwesen von Prinz Heinrich, dem Bruder des letzten Kaisers. Erst 1977 veranlasste seine Enkelin Barbara die Rückführung nach Kiel an den Platz, wo sie ursprünglich einmal hatte stehen sollen.

Kilia

The larger-than-life bronze figure by the sculptor Lürssen is now located outside the entrance of the Nordelbisches Kirchenamt on the corner of Dänische Straße, in the immediate vicinity of the castle. On her head she is wearing a crown in the shape of a wall, a laurel wreath in her outstretched left hand and an oar as a symbol of prudent rule in her right. She is supposed to represent Kiel as a donor. For many decades Kilia had stood on the Hemmelmark estate, the property of Prince Heinrich, the brother of the last emperor. Only in 1977 his granddaughter Barbara initiated her return to Kiel and to the location for which the statue had been originally intended.

Kilia

Cette statue de bronze plus grande que nature du sculpteur Lürssen se dresse aujourd'hui devant l'entrée des bureaux du Nordelbisches Kirchenamt à l'angle de la rue Danoise, tout près du château. Elle a une couronne de brique sur la tête, une couronne de laurier dans sa main gauche ouverte, une rame en signe de gouvernance avisée dans la main droite et représente Kiel comme donatrice. Kilia a été pendant des dizaines d'années au manoir de Hemmelmark près d'Eckenförde qui appartenait au frère du dernier empereur, le prince Henri. C'est sa petite-fille Barbara qui, en 1977, a fait revenir Kiela à Kiel, l'endroit auquel elle était à l'origine destinée.

Wilhelm I.

Dieses Foto zeigt das vom Husumer Bildhauer Adolf Brütt (1855–1939) geschaffene und 1896 eingeweihte Reiterstandbild Kaiser Wilhelm I. Es wurde vom alten Universitätsstandort aus aufgenommen und ist auf das Schloss hin ausgerichtet, das, vom Grün der Bäume verdeckt, nur erahnt werden kann.

Wilhelm I.

This photograph shows the equestrian statue of Kaiser Wilhelm I. which was created by the Husum sculpture Adolf Brütt (1855–1939) and inaugurated in 1896. It was taken from its old university location and is oriented towards the castle, which is hidden by the green of the trees and whose existence can only be guessed at.

Guillaume Ier

Cette photo montre la statue équestre de l'empereur Guillaume Ier inaugurée en 1896 que l'on doit à Adolf Brütt (1855–1937), un sculpteur originaire de Husum. Elle a été prise à partir de l'ancien emplacement de l'université et en direction du château que l'on peut seulement deviner à travers le feuillage des arbres.

Das Landeshaus

Dieses Regierungsgebäude in schönster Meereslage, mit Ausblick auf den pulsierenden Hafen, ist eine Besonderheit. In den Jahren 1883–1888 wurde das größte und wohl auch repräsentativste Gebäude im kaiserlichen Kiel als Sitz der Marineakademie von den Architekten Krafft und Lübbert errichtet. Nach der Zerstörung im Zweiten Weltkrieg ist die Wiederherstellung des klassizistischen Gebäudes in seiner Grundstruktur geglückt. Seit dem 3. Mai 1950 residiert das schleswig-holsteinische Landesparlament im Landeshaus. Eine notwendig gewordene Modernisierung mit dem neuen gläsernen Anbau, der als Plenarsaal dient, konnte im Jahr 2003 abgeschlossen werden.

Landeshaus (State House)

This government building in its most beautiful seaside setting with a view onto the vibrant harbour is a very special place. During the period from 1883 to 1888 this largest and most prestigious building of Wihelminian Kiel was built as a naval academy by the architects Krafft and Lübbert. It was destroyed in World War II and the rebuilding of the of neo-classicist building in its basic configuration has been successful. Since May 3, 1950 it is the residence of the parliament of the federal state of Schleswig-Holstein. A necessary modernisation and extension with a glass annexe was completed in 2003.

Le parlement du Land

Ce bâtiment des mieux situés avec vue sur l'animation du port est une curiosité. Le plus grand bâtiment – et aussi le plus imposant – du Kiel impérial a été édifié en 1883–1888 comme siège de l'Académie de marine par les architectes Krafft et Lübbert. Après les destructions de la Seconde Guerre mondiale, la reconstruction du bâtiment de style néoclassique peut être considérée comme réussie. Le parlement de Schleswig-Holstein y réside depuis le 3 mai 1950. Sa nécessaire modernisation – avec la nouvelle annexe en verre abritant l'hémicycle – s'est achevée en 2003.

Das Kloster

Das Kieler Kloster erfüllte im Laufe der folgenden Jahrhunderte vielfältige Funktionen: Mal war es ein Alten- und Pflegeheim, dann Lateinschule als Vorläufer der Gelehrtenschule, später Herberge und nach der Gründung der Universität 1665 wurden im Kloster Lehr- und Arbeitsräume untergebracht. Im Zweiten Weltkrieg wurde das Kloster bis auf den Turm, Teile des Kreuzganges und das mittelalterliche Gewölbe zerstört und wieder aufgebaut. 1999 spendeten die Kieler Bürger ein neues computergesteuertes Glockenspiel, dessen Tonbereich vier chromatische Oktaven umfasst und täglich um 12, 15 und 18 Uhr zu hören ist.

The Monastery

The monastery of Kiel was used for a variety of purposes over the centuries. For some time it served as a hospital and home for old people, then as a school of Latin which was a predecessor of the academic school, later it became a hostel, and after the foundation of the university in 1665 working and teaching rooms were established in the monastery. During World War II it was destroyed and later rebuilt, with the exception of the tower, parts of the cloister and the Medieval vault. In 1999 citizens of Kiel donated an new computer-operated Glockenspiel, which has a range of four chromatic octaves and can be heard every day at 12:00, 15:00 and 18:00.

Le couvent

Le couvent de Kiel a rempli bien des fonctions au cours des siècles: hospice, école de latin, plus tard auberge, le couvent a abrité des salles de l'université après la fondation de celle-ci en 1665. Après les bombardements de la Seconde Guerre mondiale – où seules ont été épargnées la tour, des parties du cloître et les voûtes médiévales – le couvent a été reconstruit. En 1999, les citoyens de Kiel lui ont fait don d'un nouveau carillon chromatique à quatre octaves commandé par ordinateur qu'il est possible d'entendre tous les jours à 12 h, 15 h et 18 h.

Graf Adolf IV.

Wer, vom Alten Markt kommend, die Dänische Straße entlanggeht und nach kurzer Zeit linker Hand in die Falckstraße einbiegt, stößt auf eine imposante, überlebensgroße Statue, die den Gründer der Stadt Kiel und Erbauer des dahinterliegenden Klosters, Graf Adolf IV. von Schauenburg, zeigt. Symbolhaft erkennt man den Wandel des Grafen vom Ritter zum Mönch mit dem Überstreifen der Mönchskutte und gleichzeitigem Ablegen der Ritterrüstung.
Die Bronzeplastik wurde von Karl-Henning Seemann geschaffen und 2005 im Klostergarten aufgestellt.

Graf Adolf IV. (Count Adolf IV.)

If you follow Dänische Straße from Alter Markt and – after a short stretch – turn left into Falckstraße, you will come across the imposing, larger-than-life statue of Graf Adolf IV of Schauenburg, Kiel's founder and builder of the monastery at the back. The removal of the armour and the donning of the monk's robe symbolize the biographical change from knight to monk. The bronze sculpture was created by Karl-Henning Seemann and set up in the monastery's garden in 2005.

Le comte Adolphe IV

Quand venant du Vieux Marché, on suit la rue Danoise avant de tourner à gauche dans la rue Falckstraße, on se retrouve devant l' imposante statue plus grande que nature du fondateur de la ville de Kiel et du couvent situé à l'arrière-plan, le comte Adolphe IV de Schauenburg. On y reconnaît la description symbolique de la transformation du comte de chevalier en moine: le comte enlève son armure de chevalier et enfile en même temps une robe de bure. Ce bronze de Karl-Henning Seeman a été installé dans le jardin du couvent en 2005.

Am Rande der Innenstadt

On the Fringe of the Inner City

En bordure du centre-ville

Der Südfriedhof

Wer wissen will, welche bedeutenden Menschen in Kiel gelebt, gewirkt und ihre letzte Ruhestätte gefunden haben, sollte auf jeden Fall einen Gang über den Südfriedhof machen. Der Friedhof, der in Schleswig-Holstein einmalig ist, beeindruckt mit einer künstlerisch sehr anspruchsvollen Bestattungskultur, mit aufwendigen Grabkapellen, Mausoleen und Gruften auf einem künstlich angelegten Kapellenberg. Auf dem Foto links ist die Grabkapelle der wohlhabenden Kieler Familie Moseler zu sehen.

Südfriedhof (South Cemetery)

Those who would like to find about famous people who lived, worked and found their final resting place in Kiel should not miss out on a walk across Südfriedhof. The cemetery which is unique in Schleswig-Holstein has an impressive and ambitious artistic burial culture, with elaborate funerary chapels, mausoleums and tombs on an artificial chapel hill. The photograph on the left shows the burial chapel of a wealthy local family, named Moseler.

Le cimetière Sud

Qui veut savoir quelles personnalités importantes ont vécu, œuvré et trouvé leur dernière demeure à Kiel doit absolument visiter le cimetière Sud – unique en son genre au Schleswig-Holstein. Il possède des témoignages de culture funéraire d'une grande qualité artistique, avec de magnifiques chapelles, des mausolées et des cryptes situés sur la colline artificielle du Kapellenberg. Sur la photo à gauche, on peut voir la chapelle funéraire des Moseler, une famille aisée de Kiel.

Der Wasserturm Ravensberg

Dieses Gebäude, dessen Architektur an eine mittelalterliche Festung erinnert, steht am Ende der Esmarchstraße und wurde 1889 vom damaligen Kieler Stadtbaurat Rudolph Schmidt entworfen. Es steht auf einer künstlichen Anhöhe des Ravensbergs, diente als Wasserversorgungseinrichtung und ist Kiels größter Kuppelbau. Der Ringbehälter hatte, auf einer Höhe von 15 Metern, ein Fassungsvermögen von 1500 Kubikmetern und wurde erst 1990 außer Betrieb genommen. Seit 2000 gehört der Turm einem privaten Investor und wird für kulturelle Veranstaltungen genutzt.

Water Tower Ravensberg

This building whose architecture is reminiscent of a Medieval fortress is located at the end of Esmarchstraße and was designed in 1889 by Kiel's building councillor of the period, Rudolph Schmidt. It is situated on top of an artificial hill, the Ravensberg, served as a water reservoir and is Kiel's biggest cupola structure. At a height of 15 metres, the circular container has a capacity of 1500 cubic metres and was only decommissioned in 1990. In 2000, the tower was taken over by a private investor and has been used for cultural events since.

Le château d'eau du Ravensberg

Ce bâtiment, dont l'architecture rappelle une fortification moyenâgeuse, se dresse au bout de la rue Esmarch et a été conçu en 1898 par Rudolph Schmidt, à l'époque architecte-conseil de Kiel. Ce château d'eau se trouve sur la colline artificielle du mont Ravensberg. Le réservoir haut de 15m pouvait contenir 1500 m^3 d'eau et a seulement été mis hors-service en 1990. La tour appartient à un investisseur privé et accueille des manifestations culturelles.

Rund um den Kieler Hafen

Norwegenkai

Der naturtiefe Kieler Hafen, so belegen es die wirtschaftlichen Zahlen, ist einer der leistungsfähigsten in der westlichen Ostsee. Auf dem Foto ein Blick vom Norwegenkai am Ostufer des Kieler Hafens auf das Westufer mit Schwedenkai, Sartorikai und Ostseekai, die von einem beeindruckenden Kreuzfahrtsschiff verdeckt sind.

Around Kiel's Harbour Area

Norway Quay

Economic data prove that Kiel's harbour with its natural depth is one of the most efficient in the western Baltic. The picture shows a view from Norway Quay on the east bank of Kiel's harbour towards the west bank with Sweden Quay, Sartori Quay, and Baltic Quay, which are being obscured by a massive cruise liner.

Le port de Kiel

Quai de Norvège

Ce port à la profondeur naturelle est l'un des plus performants de la Baltique occidentale, comme le prouvent les chiffres. La photo est prise du quai de Norvège situé sur la rive Est du port et montre la rive Ouest – avec le quai de Suède, le quai Sartori et le quai de la Baltique cachés par un bateau de croisière impressionnant.

Schwedenkai

Dieses futuristisch anmutende Gebäude ist das Verwaltungsgebäude des Terminals Schwedenkai mit der Fußgängerüberführung. Es wurde 2010 eröffnet und geht auf Entwürfe des Büros „KSP Jürgen Engel Architekten“ zurück.

Schwedenkai (Sweden Quay)

This futuristic looking building is the administration building of the Schwedenkai terminal with its pedestrian bridge. It was opened in 2010 and built according to designs from the architectural firm of 'KSP Jürgen Engel Architekten'.

Quai de Suède

Ce bâtiment d'allure futuriste abrite les bureaux administratifs du terminal du quai de Suède avec sa passerelle. Il a été conçu par «KSP Jürgen Engel Architekten» et inauguré en 2010.

Bollhörnkai

Im Vordergrund erkennen wir ein Fährschiff der Stena Line, davor den Terminal des Bollhörnkais mit dem Hafenhaus. Rechts am Norwegenkai wartet das Kreuzfahrtschiff „Color Magic“ der Color Line auf seine Passagiere.

Bollhörnkai (Bollhörn Quay)

In the foreground we see a Stena Line ferry and in front of it the terminal of Bollhörnkai with the Hafenhaus (harbour house) office building. To the right on Norway Quay Color Line's cruise liner 'Color Magic' is waiting for its passengers.

Quai Bollhörn

On reconnaît au premier plan un ferry de la Stella Line, avec devant lui le terminal du quai Bollhörn et la maison du port. À droite, au quai de Norvège, le «Color Magic» – un bateau de croisière de la Color Line – attend ses passagers.

Ostseekai

Gerade hat ein Kreuzfahrtschiff am Ostseekai angelegt. Im Vordergrund erhebt sich die Skulptur „Der Segler“ von Karlheinz Goedtke, die 1962 entstand und auch „Liegender Holländer“ genannt wird.

Baltic Quay

Just now a cruise ship is docking on the Baltic Quay. In the foreground rises the sculpture ‘Der Segler’ (the sailor) by Karlheinz Goedtke, which was created in 1962 and has been nicknamed ‘The Lying Dutchman’.

Quai de la Baltique

Un bâteau de croisière vient d’accoster au quai de la Baltique. Au premier plan se dresse «Le Plaisancier», une sculpture de Karlheinz Goedtke datant de 1962 aussi appelée «Le Hollandais allongé».

Hafenschönheit

Im Vordergrund das Schleppschiff „Bülk“, dahinter die Hafenverwaltung, das Hafenhaus und der Rathausturm.

Beauty of the Harbour

In the foreground the tugboat ‘Bülk’, behind it the harbour administration, the Hafenhaus and the Rathausturm.

Beauté du port

Au premier plan, le remorqueur «Bülk» et derrière, l’administration portuaire, la maison du port et la tour de la mairie.

Germaniahafen

Der idyllische Germaniahafen an der Hörn beeindruckt mit seinen Liegeplätzen für liebevoll gepflegte Traditionsschiffe. Darüber erhebt sich rechts das „Waterkantgebäude" mit exklusiven Wohnungen. Im Hintergrund links, durch Grün halb verdeckt, erahnt man die Ostseite des Kieler Hauptbahnhofes.

Germaniahafen (Germania Harbour)

The idyllic Germaniahafen on the 'Hörn' (tip of the harbour) impresses with its berths for lovingly maintained historical ships. Above it to the right rises the 'Waterkantgebäude' (water's edge building) with exclusive residential apartments. In the background to the left, almost hidden behind the green, a glimpse of the east side of Kiel's main railway station.

Port Germania

Ce port idyllique des bords de la Hörn impressionne par ses places de mouillage destinées à accueillir des bateaux de tradition amoureusement entretenus. À droite se dresse l'immeuble «Waterkantgebäude» avec ses appartements grand standing. Au fond à gauche, on devine la façade Est de la gare principale de Kiel à moitié dissimulée par le feuillage.

Die Seegartenbrücke

Die Seegartenbrücke ist neben dem Schifffahrtsmuseum ist nicht nur Anlegestelle für Hafenrundfahrten, sondern auch der Liegeplatz für das Traditionsschiff ‚MS Kiel‘ Es kann für Gesellschaften aller Art gebucht werden.

Seegartenbrücke (Sea Garden Pier)

The ‘Seegartenbrücke’ next to the maritime Museum is not just the landing place for boat tours of the harbour, but also the berth of the historical boat ‘MS Kiel’ which can be booked for social events of all kinds.

Pont Seegartenbrücke

Le pont Seegartenbrücke est situé à côté du musée de la Navigation et est le point de départ de visites du port en bateau. Mais c’est aussi là qu’est ancré le «MS Kiel», un bateau qu’il est possible de louer pour des réceptions de toutes sortes.

Museumsbrücke

An der Kieler Museumsbrücke liegen regelmäßig drei Oldtimerschiffe. Im Vordergrund links sehen wir das Feuerlöschboot „Kiel“ von 1942. Dahinter, kaum erkennbar, sind der Seenotrettungskreuzer „Hindenburg“ von 1944 und der Tonnenleger „Bussard“ von 1905 festgemacht.

Museumsbrücke (Museum Pier)

Along Kiel’s Museumsbrücke three old time boats are moored regularly. In the foreground to the left is the fire-boat ‘Kiel’ from 1942. Behind it are the almost invisible rescue cruiser ‘Hindenburg’ from 1944 and the buoying ship ‘Bussard’ from 1905.

Pont du Musée

Trois bateaux anciens sont régulièrement ancrés au pont du Musée de Kiel. Au premier plan à gauche, on voit le bateau-pompe «Kiel» qui date de 1942. Derrière lui, à peine reconnaissables, sont amarrés le croiseur de sauvetage «Hindenburg» (1944) et le baliseur «Bussard» (1905).

Das Hotel „Maritim“ (ehemals „Bellevue“)

Wo Ende des 19. Jahrhunderts, unweit des Aussichtspunktes Bellevue (Schöne Aussicht) und oberhalb des Hindenburgufers, eine der führenden Nobelherbergen Norddeutschlands zum Verweilen einlud, steht heute der nüchterne Hotelkomplex „Maritim“. Es bietet 89 komfortable Zimmer und 20 behagliche Suiten. In dem international ausgerichteten Haus können Veranstaltungen mit bis zu 450 Personen durchgeführt werden.

The Maritim Hotel (formerly 'Bellevue')

A place not far from the lookout 'Bellevue' (beautiful view) and above the Hindenburg embankment where, at the end of the 19th century one of the most luxurious hotels of northern Germany invited its guests to stay, today is the site of the sober looking hotel complex of the 'Maritim'. It has 89 comfortable rooms and 20 cosy suites. The internationally oriented hotel can host events for up to 450 participants.

L'hôtel Maritim (anciennement „Bellevue“)

Là où, à la fin du 19e siècle, se dressait non loin du belvédère Bellevue et au-dessus de la rive Hindenburg l'un des hôtels les plus élégants du nord de l'Allemagne, se trouve aujourd'hui l'hôtel Maritim, un complexe d'une architecture sobre comprenant 89 chambres et 20 suites confortables. Dans cette maison ouverte à une clientèle internationale peuvent être organisées des manifestations capables d'accueillir jusqu'à 450 personnes.

Die Howaldtswerke

Die Howaldtswerke GmbH (HDW) befinden sich in Kiel-Gaarden am Ostufer und sind die größte Werft Deutschlands. In seiner heutigen Form entstand HDW 1968 nach dem Zusammenschluss mehrerer Firmen. Die Ursprünge liegen in der „Maschinenbauanstalt und Eisengießerei Schweffel & Howaldt", die 1838 von dem Ingenieur August Ferdinand Howaldt gegründet wurde. Heute beschäftigt die HDW-Gruppe weltweit an die 6600 Menschen.

Howaldtswerke

Howaldtswerke GmbH (HDW) is situated on the east bank in Kiel-Gaarden and is currently Germany's biggest shipyard. In 1968, HDW in its current shape resulted from a merger of several companies. Its beginning was the 'Maschinenbauanstalt und Eisengießerei Schweffel & Howaldt' (Engineering Company and Iron Foundry Schweffel and Howaldt', founded in 1838 by the engineer August Ferdinand Howaldt. Today the HDW group employs about 6600 people worldwide.

Le chantier naval Howaldt

Le chantier naval Howaldt (HDW) se trouve à Kiel-Gaarden, sur la rive gauche, et est le plus grand d'Allemagne. Il existe sous sa forme actuelle depuis 1968, après la fusion de plusieurs firmes. Son origine remonte à 1838, date de la création par l'ingénieur August Ferdinand Howaldt de l'«Usine de construction mécanique et fonderie de fer Schweffel & Howaldt». Le groupe HDW emploie aujourd'hui environ 6600 personnes réparties dans le monde entier.

Sartori & Berger-Speicher

Der Name Sartori & Berger war in der internationalen Handelsschifffahrt jahrzehntelang eine erste Adresse. Das fünfteilige Gebäude, 1925 im Auftrag der Stadt Kiel und der Firma Langeness in moderner Klinkerarchitektur errichtet, wurde nach dem Zweiten Weltkrieg von der 1858 gegründeten Schiffsmaklerei und Reederei Sartori & Berger als Firmensitz übernommen. Es ist heute als „Sartori & Berger-Speicher" bekannt und beherbergt nach dem Umbau 2002 den Firmensitz, die Landesbibliothek und das Landesamt für Denkmalpflege.

Sartori & Berger Storehouse

In international maritime trade the name 'Sartori & Berger' stood for a well-respected firm for decades. After World War II the five-part modern brick building, which had been built in 1925 for the city of Kiel and the Langeness Company, was taken over by the ship-owner and agent company Sartori & Berger, which was founded in 1858, as its headquarters. Today it is known as 'Sartori & Berger-Speicher' and after a remodelling in 2002 houses the houses the company's headquarters, the State Library and the State Administration for Listed Monuments.

Entrepôts Sartori & Berger

Le nom Sartori & Berger a été pendant des décennies un des plus renommés du commerce maritime international. Ce bâtiment en cinq parties réalisé en briques hollandaises en 1925 pour la ville de Kiel et la firme Langeness a été repris après la Seconde Guerre mondiale par la société d'armateurs Sartori & Berger (qui y a installé son siège). On le connaît maintenant sous le nom d'«Entrepôts Sartori & Berger» et il abrite, depuis son réaménagement en 2002, le siège de la firme, la bibliothèque du Land et le service des Sites et Monuments.

Sportstadt Kiel

Die Sparkassen-Arena

Zentraler Austragungsort für den THW-Kiel, vielfacher deutscher Handballmeister und Champions-League-Gewinner, ist die Sparkassen-Arena. Der Handball hat seit Jahrzehnten sein Zuhause in der ehemaligen Ostseehalle, die nach einem vollständigen Umbau seit 2008 mit einem Fassungsvermögen von über 10 000 Zuschauern das Etikett Sparkassen-Arena erhalten hat. Neben dem Reitsport, der Baltic-Horse-Show und den Hallenmasters mit Holstein Kiel finden hier stets restlos ausverkaufte Veranstaltungen mit den beliebtesten Show-Künstlern statt.

Sporting City Kiel

Sparkassen-Arena

Sparkassen-Arena (Savings Bank's Sports hall) is the main venue for THW-Kiel, the often-times winner of the German handball league as well as the Champions League. For decades handball has been at home in the former Baltic Hall, which was renamed Sparkassen-Arena after a comprehensive upgrading in 2008 and which has room for more than 10,000 spectators. Besides horse riding, the Baltic Horse Show, the indoor Master's Tournament it hosts many popular show events which are always completely sold out.

Kiel, ville du sport

La Sparkassen-Arena

C'est la salle du THW-Kiel, plusieurs fois champion allemand de handball et vainqueur de la Ligue des Champions. Le handball est depuis des dizaines d'années chez lui dans l'ancienne Ostseehalle qui, après avoir été complètement transformée, peut contenir depuis 2008 plus de 10 000 spectateurs et a été rebaptisée Sparkassen-Arena. Elle accueille aussi des manifestations équestres, le Baltic-Horse-Show et les matches en salle du Holstein Kiel tout comme des représentations – toujours à guichets fermés- des artistes de variété les plus en vogue.

Das Holstein-Stadion

Alles frisch: Das zweitligatauglich umgestaltete Holstein-Stadion. Seitdem der KSV–Holstein den Aufstieg in die 1. Fußballbundesliga in der Saison 1969/1970 knapp verpasst hatte, musste man sich jahrelang mit mittelmäßiger Kost begnügen und träumt heute, nach einer millionenschweren Modernisierung des Stadions, von einem Aufstieg in die höheren Klassen.

Holstein-Stadium

All new: the Holstein Stadium has been upgraded for Second League games. After KSV-Holstein had missed the rise to the first footballing division by an inch in 1969/1970, the local club had to be content with mediocrity for many years. Today, after spending millions on the modernisation of the stadium the dream for rising to higher levels is gaining strength.

Le stade Holstein

Le stade Holstein a été refait à neuf et peut accueillir des matches de deuxième division. Le KSV-Holstein avait raté de peu son passage en première division fédérale lors de la saison 1969/1970 et il a fallu se contenter pendant des années de matches sans grand intérêt. Maintenant que le stade a été modernisé à grands frais, on rêve de passer en division supérieure.

Der Kieler Yacht Club (KYC)

Der Kieler Yacht Club, von den Mitgliedern liebevoll „KYC-KÜZ“ genannt, genießt als Mitorganisator der Kieler Woche international hohes Ansehen. 1887 wurde der spätere Kaiserliche Yacht Club als Regattaverein von Offizieren und Beamten der Kaiserlichen Marine gegründet. 2007 hat die Firma Thyssen-Krupp Haus und Grundstück vom KYC zurückgekauft, den Sitz des Clubs aber dort belassen.

Kiel Yacht Club (KYC)

Kieler Yacht Club, fondly dubbed 'küz' by its members internationally enjoys a superb reputation as co-organiser of Kieler Woche. It was founded in 1887 as a regatta club by officers and administrators of the German Navy and later renamed 'Imperial Yachting Club'. In 2007 the company Thyssen-Krupp bought back the house and property but let the club remain there.

Le Yacht Club de Kiel (KYC)

Le Yacht Club de Kiel, affectueusement appelé «KYC-KÜZ» par ses membres, est l'un des organisateurs de la Kieler Woche et jouit pour cela d'une réputation internationale. Ce club de régates (plus tard «Yacht Club Impérial») a été fondé en 1887 par des officiers et fonctionnaires de la marine impériale. La firme Thyssen-Krupp a acheté la maison et le terrain au KYC en 2007 mais y a laissé le siège du club.

Kiel – Stadt der Kultur und der Wissenschaft

Christian-Albrechts-Universität (CAU)

Die Christian-Albrechts-Universität (Christiana Albertina), 1665 gegründet, war zeitweilig sowohl im alten Kieler Schloss als auch im Kieler Kloster untergebracht. Heute ist sie die einzige Volluniversität des Landes mit ca. 80 Studienfächern. Mit 22 000 Studierenden ist die Aufnahmekapazität an ihre Grenzen gestoßen. Die CAU hat in den vergangenen drei Jahrhunderten bedeutende Gelehrte hervorgebracht, u.a die Nobelpreisträger Max Planck und Otto Diels. Auf dem Bild der Campus der Christian-Albrechts-Universität mit Audimax links und Hörsaalgebäude rechts.

Kiel – City of Culture and Scholarship

Christian-Albrechts-University (CAU)

The Christian-Albrechts-University (Christiana Albertina), founded in 1665, for some time had its premises in Kiel's old castle and in the monastery. Today, it is the only traditional university of the state with about 80 degree courses. With 22,000 students its capacity is used to the limit. In the last three centuries CAU has produced eminent scholars, among them the Nobel Prize winners Max Planck and Otto Diels. The picture shows the campus of Christian-Albrechts-University with the big auditorium (Audimax) on the left, and a building with several lecture halls on the right.

Kiel – Ville de la culture et de la science

Université Christian-Albrecht (CAU)

Fondée en 1665, l'université Christian-Albrecht (Christiana Albertina) a été pendant un temps installée dans le vieux château ainsi que dans le couvent de Kiel. Cette université est la seule du Land à proposer un éventail complet d'environ 80 disciplines. Avec ses 22 000 étudiants, elle a atteint la limite de ses capacités d'accueil. Elle a formé de nombreux savants réputés au cours des trois siècles derniers, comme par exemple les prix Nobel Max Planck et Otto Diels. Sur la photo, on voit le campus de l'université Christian-Albrecht avec l'audimax à gauche et le bâtiment des amphithéâtres à droite.

IFM-Geomar

Kiel ist national und international ein bedeutendes Zentrum der Meeresforschung, was die Arbeit der Stiftung „Leibniz-Institut für Meereswissenschaften" an der Universität Kiel (IFM-Geomar) an seinen Standorten am Westufer und an der Schwentinemündung täglich unter Beweis stellt. Auf dem Foto ist das Geomar-Leibnitz-Institut für Meereswissenschaften am Westufer direkt an der Kiellinie abgebildet.

IFM-Geomar

Nationally and internationally, Kiel functions as an important centre of marine research, of which the work of the foundation 'Leibniz-Institut für Meereswissenschaften' (Leibniz-Institute of Marine Sciences) offers daily proof. The institute has premises on the western bank and at the mouth of the river Schwentine. The photograph shows the buildings of the Geomar-Leibniz-Institute for Marine Sciences on the western bank directly on Kiellinie (Harbour Promenade/ keel line (a word play)).

IFM-Geomar

Kiel est un important centre national et international de recherche océanographique comme le démontre chaque jour le travail de l'institut Leibnitz de l'université de Kiel (IFM-Geomar) situé dans le quartier Westufer en bordure de la Kiellinie (photo) et à l'embouchure de la Schwentine.

Das Institut für Weltwirtschaft

Das Institut für Weltwirtschaft (IfW) am Kieler Hindenburgufer genießt seit seiner Gründung im Jahre 1914 international einen hervorragenden Ruf. Das IfW als Zentrum für weltwirtschaftliche Forschung, wirtschaftliche Beratung, ökonomische Ausbildung und wirtschaftswissenschaftliche Dokumentation ist Mitglied der Leibniz-Gesellschaft und der Christian-Albrechts-Universität. Das heutige Gebäude, das in der Nachkriegszeit entstand, weist architektonisch im Wesentlichen die alte Struktur auf, hat jedoch einen helleren, freundlicheren Anstrich erhalten. Links im Bild ist der dunkle Bibliotheksanbau zu sehen.

Kiel Institute for the World Economy

Since its foundation in 1914 the Kiel Institute for the World Economy (IfW) on Hindenburgufer has enjoyed an excellent international reputation. The IfW as a centre for research on the world economy, economic consultancy, training and documentation is a member of the Leibniz-Society and of Christian-Albrechts-University. The current premises which were built during the post-war period still to a large extent presents the old building structure, but has been painted to create a brighter, pleasanter impression. The dark library annexe is visible on the left.

L'Institut de l'Économie Mondiale

Situé sur la rive Hindenburg, l'Institut de l'Économie Mondiale (IfW) jouit d'une excellente réputation internationale depuis sa création en 1914. Ce centre de recherche économique internationale, de conseil, de formation et de documentation économique est membre de la Société Leibniz et de l'université Christian-Albrecht. Le bâtiment actuel date de l'après-guerre. Il a conservé en grande partie le caractère de son architecture d'origine mais est peint dans des couleurs plus claires et plus gaies. À gauche sur la photo, on peut voir le bâtiment foncé de la bibliothèque annexe.

Kunsthalle

Schräg gegenüber der Seeburg, am Düsternbrooker Weg, steht, eindrucksvoll-majestätisch, die in den Jahren 1907–1909 erbaute Kunsthalle, die von dem Architekten Georg Lohr konzipiert wurde. Der Bestand aus 1000 Gemälden, angesammelt in sechs Jahrhunderten, sowie ca. 200 Skulpturen und 40000 grafischen Werken wird sorgsam gehegt und gepflegt. Dazu kommt die Sammlung zeitgenössischer Kunst, die kontinuierlich erweitert wird.

Kunsthalle (Art Gallery)

Commanding and formidable, the Kunsthalle stands diagonally opposite of the Seeburg building on Düsternbrooker Weg. It was designed by the architect Georg Lohr and built between 1907 and 1909. Its collection of 1,000 paintings, accumulated over six centuries, as well as some 200 sculptures and 40,000 graphic works are being carefully tended. In addition, there is a collection of contemporary art which is steadily expanding.

Kunsthalle

La Kunsthalle est située allée Düsternbrooker Weg, presque vis-à-vis du Seeburg. Ce bâtiment majestueux conçu par l'architecte Georg Lohr a été construit dans les années 1907–1909. Là sont rassemblés et soigneusement conservés 1000 tableaux collectionnés sur six siècles ainsi qu'environ 200 sculptures et 40000 œuvres graphiques. À cela s'ajoute la collection, continuellement agrandie, d'art contemporain.

Das Schifffahrtsmuseum

Im Kieler Schifffahrtsmuseum waren bis vor Kurzem Objekte aus der Geschichte der Seestadt Kiel und der maritimen Verbindungen zu besichtigen, so z. B. Galionsfiguren, technische Instrumente wie das Original-Echolot von Behm und der Kreiselkompass von Anschütz sowie Schiffsmodelle wie der „Brandtaucher", das älteste U-Boot der Welt. Aber auch ein Museum kann in die Jahre kommen und ist nicht mehr zeitgemäß. Im November 2010 wurden die Türen des Museums geschlossen. Der Umbau läuft.

Maritime Museum

Until recently the Kiel Maritime Museum displayed objects related to Kiel's history as a seaside city and its maritime connections, e. g. figureheads, technical instruments like the original sonar by Behm or the gyroscopic compass by Anschütz, as well as models of ships like the 'Brandtaucher', the world's oldest submarine. But even museums age and can become out of date. In November 2010, the museums doors were closed. Refurbishment is under way.

Le musée de la Navigation

Au musée de la Navigation de Kiel, on pouvait voir jusqu'il y a peu des objets relatifs à l'histoire de la marine et de la ville de Kiel, comme par exemple des figures de proue, des instruments techniques tels que l'échosondeur original de Behm et le gyrocompas d'Anschütz ainsi que des maquettes comme celle du «Brandtaucher», le plus ancien sous-marin du monde. Mais les musées aussi peuvent avoir besoin d'une cure de rajeunissement. Les portes de celui-ci se sont fermées en novembre 2010 et les travaux sont en cours.

Stadtmuseum Warleberger Hof

Der Warleberger Hof inmitten der Kieler Altstadt, direkt an der Dänischen Straße gelegen, hat eine wechselvolle Geschichte auf dem Weg vom Adelspalais (1616 erbaut) bis zum modernen Stadtmuseum durchlebt. Seit 1970 finden im Warleberger Hof Wechselausstellungen zu stadt- und kulturgeschichtlichen Themen statt, ebenso kunsthandwerkliche Ausstellungen.

Warleberger Hof – Museum of Local History

Warleberger Hof in the middle of the historical city located right on Dänische Straße has been through an eventful history from being a nobleman's palace (built in 1616) to becoming a modern museum of local history. Since 1970 temporary exhibitions about local and cultural history have been on display here as well as crafts exhibitions.

Musée municipal du palais Warleberger Hof

Le Warleberger Hof est situé au cœur de la vieille ville de Kiel, en bordure de la rue Danoise, et a eu une histoire mouvementée qui a vu la transformation de ce palais aristocratique construit en 1616 en un musée munipal moderne. Depuis 1970, le Warleberger Hof accueille des expositions temporaires sur des thèmes culturels ou relatifs à l'histoire de la ville ainsi que des expositions d'artisanat d'art.

Alter Botanischer Garten und Literaturhaus

Literaturhaus Schleswig-Holstein

Gegenüber dem IFM-Geomar am Düsternbrooker Weg, in der Nähe des Uni-Klinikums und der Kunsthalle, liegt der romantische Alte Botanische Garten von 1884. Der Eingang zum Garten führt auf ein fast verwunschen anmutendes Häuschen, das heute als Literaturhaus Schleswig-Holstein mit seinem breitgefächerten Literaturangebot deutschsprachiger und internationaler Autorengruppen weithin eine große Akzeptanz erfährt.

Old Botanical Garden and Literature House

Literature House Schleswig-Holstein

Opposite the IFM-Geomar on Düsternbrooker Weg, in the vicinity of the university clinic and the Kunsthalle lies the Old Botanical Garden of 1884. The garden entrance leads to a small house with an enchanted air that today is used as the Literature House of Schleswig-Holstein. Its wide ranging offer of literary activities with groups of German and international authors is well received.

Vieux Jardin Botanique et maison de la Littérature

Maison de la Littérature du Schleswig-Holstein

En face du IFM-Geomar de l'allée Düsternbrooker Weg et près du CHU et de la Kunsthalle se trouve ce romantique jardin botanique datant de 1884. L'entrée du jardin mène à une petite maison qu'on croirait sortie d'un conte de fées et qui abrite maintenant l'institution reconnue de la maison de la Littérature du Schleswig-Holstein dans laquelle sont organisées des lectures d'œuvres d'auteurs allemands et étrangers.

Ein Gartenhäuschen im Botanischen Garten.

A small garden house in the Botanical Gardens

Une petite maison du Jardin Botanique.

Am oberen Ende der reizvollen Anlage steht ein Pavillon mit einer schmiedeeisernen Kuppel, die laubgerahmt ist und einen Ausblick auf die Kieler Förde freigibt.

At the higher end of the charming park this pavilion with its wrought-iron cupola can be found. It is framed by leaves and reveals a view to the Kiel fjord.

Tout en haut de ce parc charmant se dresse un pavillon à la coupole en fer forgé recouverte de verdure d'où l'on aperçoit le fjord de Kiel.

Wik

Das Anscharkrankenhaus

Der Stadtteil Wik liegt im Norden Kiels und ist der zweitgrößte der Stadt. Zu Beginn des 19. Jahrhunderts baute die Reichsmarine ein riesiges Viertel mit 16 Kasernen in das kleine Dorf hinein, das 1893 eingemeindet worden war. Das Anscharkrankenhaus, das bis zum Jahre 2005 die Neurochirurgie beherbergte, erinnert manchen an die zu Beginn des 20. Jahrhunderts vorbildhafte neupreußische Klinikarchitektur, etwa an die Charité oder das Westend-Klinikum in Charlottenburg. Heute entsteht auf dem weitläufigen Areal ein neues Wohnquartier, in dem die historischen Gebäude umgenutzt werden und neue Häuser entstehen.

Wik

Anschar Hospital

The district of Wik is in the northern part of Kiel and is the second largest of the city. At the beginning of the 19th century the German Navy built a gigantic quarter with 16 barracks in the small village, which was joined to Kiel in 1893. The Anschar hospital, which until 2005 house the neuro-surgery department, reminds some people of the exemplary Neoprussian hospital architecture of the Charité or the Westend Clinic in Charlottenburg (both in Berlin). Today the spacious area is being developed as a residential district where historical buildings are used for new functions and new houses are being built.

Wik

L'hôpital Saint-Anschar

Le quartier de Wik se trouve dans le nord de Kiel et est le deuxième de la ville par la taille. Au début du 19e siècle, la Marine impériale a construit un immense complexe de 16 casernes dans ce petit village rattaché à la ville en 1893. La vue de cet hôpital, qui a abrité la clinique de neurochirurgie jusqu'en 2005, rappelle à certains l'architecture exemplaire d' établissements hospitaliers de style néoprussien du début du 20e siècle, tels la Charité ou le Westend-Klinikum de Charlottenburg. Sur ce vaste site est en train d'apparaître un nouveau quartier d'habitation dans lequel de vieux bâtiments changeront de destination et de nouvelles maisons verront le jour.

Garnisonkirche, heute Petruskirche

Die Garnisonkirche in der Adalbertstraße wurde zwischen 1905 und 1907 von dem Architekten R. Curjel erbaut und ist das architektonische Pendant zum Anscharkrankenhaus. Sie wird heute für vielfältige kulturelle Veranstaltungen genutzt.

Garrison church, today Petruskirche (St Peter's)

The garrison church in Adalbertstraße was built from 1905 to 1907 by the architect R. Curjel and is the architectural counterpart of the Anschar Hospital. Today, it is used for a variety of cultural events.

Église de la Garnison, aujourd'hui église Saint-Pierre

L'église de la Garnison de la rue Adalbertstraße a été construite entre 1905 et 1907 par l'architecte R. Curjel et est le pendant de l'hôpital Saint-Anschar. Elle accueille aujourd'hui des manifestations culturelles de toutes sortes.

Friedrichsort

Friedrichsort wurde, gemeinsam mit dem Ort Pries, 1922 als Teil Kiels eingemeindet. Im 17. Jahrhundert war Friedrichsort eine dänische Festung, nach Frederik III. benannt, später dann preußisches Artilleriedepot und Torpedowerkstatt.

Falckensteiner Strand

Nördlich von Friedrichsort liegt einer der breitesten und kinderfreundlichsten Sandstrände an der westlichen Ostsee. Das Wasser ist hier besonders flach. Der Leuchtturm im Hintergrund wurde 1971 gebaut und wird während der „Kieler Woche“ gerne als Aussichtsturm benutzt.

Friedrichsort

In 1922, Friedrichsort together with the village of Pries was incorporated into Kiel. During the 17th century Friedrichsort was a Danish fortress named after Frederik III., later it became a Prussian artillery depot and torpedo workshop.

Falckenstein Beach

To the north of Friedrichsort lies one of the widest sandy beaches of the western Baltic. It is ideal for children as the water is particularly shallow. The lighthouse in the background was built in 1971 and is a favourite vantage point during 'Kieler Woche'.

Friedrichsort

Friedrichsort a été, avec Pries, rattaché à la ville de Kiel en 1922. Au 17e siècle, c'était une forteresse danoise baptisée du nom de Frédéric III et plus tard transformée en dépôt d'artillerie et atelier de torpilles.

Plage de Falckenstein

Au nord de Friedrichsort s'étend l'une des plus larges plages de sable de la Baltique occidentale. Elle est particulièrement adaptée aux enfants car l'eau y est peu profonde. À l'arrière-plan se dresse le phare construit en 1971 qui sert de tour panoramique pendant la «Kieler Woche».

Bethlehemkirche

Ein Relikt der preußisch-militärischen Zeit Friedrichsorts ist die Bethlehemkirche, die 1875 als Garnisonkirche eingeweiht wurde. Heute wird sie u. a. als stimmungsvoller Konzertsaal genutzt.

Bethlehemkirche

Bethlehemkirche (Bethlehem Church) is a relic of the Prussian military period of Friedrichsort. In 1875 it was inaugurated as a garrison church. Today it serves – among other purposes – as an atmospheric concert hall.

Église Bethléem

Cette église plaisante consacrée en 1875 était à l'origine une église de garnison et est un reliquat du passé militaire prussien de Friedrichsort. Aujourd'hui, elle sert entre autres de salle de concert.

Mettenhof

Hochhaussiedlungen

Als der Ortsteil Mettenhof der Gemeinde Melsdorf am 1. Juni 1963 nach Kiel eingemeindet wurde, war das für viele junge, wohnungssuchende Kieler Familien ein Aufbruch in eine neue Zeit. Nach dem Spatenstich am 17. November 1964 entstand in Mettenhof eine der größten Baustellen Europas. Hochhäuser über Hochhäuser wurden aus dem Boden gestampft, um die Wohnungsnot der 60er-Jahre lindern zu helfen.

Im Hintergrund die Silhouette von Mettenhof mit dem „Weißen Riesen", im Vordergrund rechts die viergeschossigen Wohnblocks.

Mettenhof

Residential High-Rise Buildings

When the Mettenhof district of the municipality Melsdorf was incorporated into Kiel on June 1, 1963 it meant the dawn of a new era for many young families looking for a flat in Kiel. After the sod cutting ceremony on November 17, 1964 Mettenhof became one of the largest building sites in Europe. High-rise after high-rise was built practically over night to cope with the shortage of residential space of the 60s.

In the background the outline of Mettenhof with the 'Weißer Riese' (White Giant – also the name of a brand of washing powder), in the foreground on the right four storey blocks of flats.

Mettenhof

Les tours

Le rattachement à Kiel de Mettenhof (qui appartenait alors à la commune de Melsdorf) le 1er juin 1963 a signifié le début d'une ère nouvelle pour de nombreuses jeunes familles kieloises à la recherche d'un logement. Le premier coup de pioche du 17 novembre 1964 a été le point de départ d'un des plus grands chantiers d'Europe. On a fait sortir de terre une tour après l'autre pour aider à soulager la crise du logement des années 60. À l'arrière-plan, la silhouette de Mettenhof avec le «géant blanc» et devant à droite, les blocs d'immeubles de quatre étages.

Holtenau

Kleine, alte Holtenauer Schleuse

Schleusen, Jachthafen und Leuchtturm sind die Wahrzeichen des Kieler Stadtteils Holtenau, einem ehemaligen Bauerndorf. Mit der Eröffnung des Kaiser-Wilhelm-Kanals, heute Nord-Ostsee-Kanal, erlebte der kleine Ort einen großen wirtschaftlichen Aufschwung. 1922 wurde Holtenau nach Kiel eingemeindet. Die beiden Schleusenkammern, hier an der Mündung von Levensau, Eiderkanal und Förde, sind je 125 m lang, 22 m breit und die Tiefe beträgt 9,80 m. Heute werden weiterhin kleinere Schiffe ein- und ausgeschleust.

Holtenau

Old, small Holtenau Lock

Locks, yacht harbour, and light house are the symbols of the former farm village of Holtenau, which is now a part of Kiel. With the opening of the Nord-Ostsee-Kanal (Kiel Canal), formerly known as Kaiser-Wilhelm-Kanal, the small village experienced enormous economic growth. 1922 Holtenau was incorporated into Kiel. The two lock chambers, here at the mouths of Levensau, Eider Canal, and Kiel fjord, are each 125 m long, 22 m wide and their depth is 9.8 m. Small ships continue to use the lock for transfer into and out of the canal.

Holtenau

Vieille écluse de Holtenau

Écluses, port de plaisance et phare sont les emblèmes du quartier de Holtenau, un ancien village de paysans. L'inauguration du canal Kaiser-Wilhelm (maintenant Nord-Ostsee-Kanal) a signifié un grand essor économique pour la petite localité. Holtenau a été rattaché à Kiel en 1922. Les deux sas – ici à l'embouchure de la Levensau, du canal de l'Eider et du fjord – font 125 m de long, 22 m de large et 9,80 m de profondeur chacun. L'écluse continue aujourd'hui d'être empruntée par de petits bateaux.

Holtenauer Hauptschleusen

Die Hauptschleusen, am 14. Juni 1914 von Kaiser Wilhelm II. eingeweiht, befinden sich nur wenige Meter rechts von den alten Schleusen. Die Kammern sind 330 m lang und 45 m breit bei einer Sohlentiefe von 14,10 m. Durch die Schleusen wird ein Höhenunterschied von 7 m ausgeglichen. Der Vorgang des Schleusens dauert etwa 45 Minuten.

Main Locks at Holtenau

These main locks which were inaugurated on June 14, 1914 by Kaiser Wilhelm II are located only a few metres to the right of the old locks. The chambers are 330 m long and 45 m wide with a working depth of 14.10 m. The locks have a rise of 7 m. The passage of a boat through the lock takes about 45 minutes.

Écluses principales de Holtenau

Inaugurées le 14 juin 1914 par l'empereur Guillaume II, les écluses se trouvent à quelques mètres seulement des vieilles écluses. Les sas font 330 m de long et 45 m de large pour une profondeur de radier de 14,10 m et permettent de franchir une dénivellation de 7 m en 45 minutes environ.

Jachthafen Kiel-Holtenau

Am Tiessenkai (benannt nach einem ehemaligen Schiffsausrüster) an der Kanaleinfahrt haben zahlreiche Traditionsschiffe einen Liegeplatz gefunden.

Yacht Harbour Kiel-Holtenau

On Tiessenkai (Tiessen Quay – named after a former ship's chandler) at the entrance to the canal many historical boats have found a berth.

Port de plaisance de Kiel-Holtenau

De nombreux navires de tradition sont ancrés quai Tiessen (qui porte le nom d'un ancien armateur) à l'entrée du canal.

Leuchtturm

Der ca. 20 Meter hohe Leuchtturm in Kiel-Holtenau an der Landspitze des Tiessenkais ist 1894/1895 im Auftrag der Kaiserlichen Kanal-Kommission als runder Backsteinbau mit Sandsteingliederungen errichtet worden. Eine Schrifttafel erinnert an die Eröffnung des Kaiser-Wilhelm-Kanals, die an dieser Stelle am 21. Juni 1895 mit großem Aufwand gefeiert wurde.

Lighthouse

The lighthouse at the land end of Tiessenkai was built for the Imperial Canal Commission in 1894/95. The round brick building with its sandstone ornaments is about 20m high. An inscription commemorates the opening of the Kiel Canal, which was celebrated extensively in this spot on June 21, 1895.

Phare

Le phare haut d'environ 20 mètres de Kiel-Holtenau se dresse à la pointe du quai Tiessen et a été construit en 1894/1895 pour la Commission impériale du canal. C'est un bâtiment rond aux briques égayées de grès. Une plaque commémore l'inauguration du Kaiser-Wilhelm-Kanal célébrée en grande pompe à cet endroit le 21 juin 1895.

Schilksee

Olympiazentrum

Die Entscheidung des Nationalen Olympischen Komitees, die Olympischen Segelwettkämpfe 1972 in Kiel, genauer in Schilksee, 15 Kilometer vor den Toren der Landeshauptstadt, auszutragen, kommentierte der damalige Chef des Komitees Willi Daume lapidar mit den Worten: „Kieler Woche." Die 17 Kilometer lange Förde vom Kieler Hafen bis zum Bülker Leuchtturm bot die Gewähr für beinahe immer günstige Winde. So wurde in nur drei Jahren auf einem Gelände von 285 000 Quadratmetern das Olympiazentrum mit einer Größe von 77 000 Quadratmetern errichtet. 2000 Arbeiter aus zehn Nationen waren daran beteiligt – wahrhaft olympisch! Modernisiert wurde das Leistungszentrum im Jahr 2009, da es vom Deutschen Seglerverband als Trainingsort für die Olympiavorbereitungen 2012 bestimmt worden war.

Schilksee

Olympic Centre

The decision of the National Olympic Committee to hold the Olympic sailing competitions of 1972 in Kiel, to be precise: in Schilksee, 15 kilometres outside the state capital, was laconically commented by Willi Daume, the then chairman of the committee, with the words 'Kiel Week'. The 17 kilometres of fjord from Kiel harbour to Bülk lighthouse offered a near-guarantee for favourable winds. Thus, within only three years the Olympic Centre with its floor space of 77,000 square metres was built on an area of 258,000 square metres. 2000 workers from 10 countries were involved – truly Olympic! The centre was modernised in 2009, because the German Sailing Association decided to use it as a training location to prepare for the 2012 Olympics.

Schilksee

Centre olympique

«Kieler Woche!»: c'est de cette façon lapidaire que Willi Daume – qui était à l'époque directeur du comité national olympique – a commenté la décision de faire se dérouler en 1972 les épreuves de voile à Kiel, et plus précisément à Schilksee, à 15 km des portes de la capitale du Land. Le fjord long de 17 km qui s'étend du port de Kiel au phare de Bülk garantissait des vents presque toujours favorables. C'est ainsi qu'un centre olympique de 77 000 m² a été édifié en seulement trois ans sur un terrain de 285 000 m². 2000 ouvriers originaires de 10 nations différentes ont participé à ce chantier – une performance vraiment olympique! Le centre a été modernisé en 2009 après avoir été choisi comme base d'entraînement en vue des Jeux 2012.

Der Jachthafen

Blick auf den Bootshafen des Olympiazentrums, den größten deutschen Jachthafen an der Ostseeküste.

The Yacht Harbour

View of the boat harbour of the Olympic centre, the biggest German yacht harbour on the Baltic coast.

Le port de plaisance

Vue du port de plaisance du centre olympique, le plus grand port de plaisance allemand de la Baltique.

Badestrand Schilksee

Neben den segelsportlichen Aktivitäten in und um Schilksee herum kommen die Badefreuden am feinen Schilkseer Sandstrand nicht zu kurz. Wer zur Abwechslung einmal einen herrlichen Panoramablick über die Förde genießen möchte, steigt ein paar Treppen die Uferböschung hinauf und geht einen idyllischen Pfad entlang, vorbei an schmucken, kleinen Kapitänshäuschen.

Bathing Beach Schilksee

Besides sailing activities in and around Schilksee the joys of bathing have a place on the fine sandy beach of Schilksee. If you want a change of scenery, just climb the few steps of the embankment, walk along an idyllic pathway past the neat small ship captain's houses and treat yourself to the magnificent panorama of the Kiel fjord.

Plage de baignade de Schilksee

Aux activités de voile à Schilksee et ses environs proches s'ajoutent les joies de la baignade à la plage de sable fin de Schilksee. Et pour profiter du magnifique panorama sur le fjord, il suffit de grimper les quelques marches menant au charmant sentier bordé de jolies petites maisons de capitaine.

Rund um Kiel

Das Laboer Marine-Ehrenmal

Ein besonderer Anziehungspunkt für Kielbesucher ist das weit über die Förde hinaus sichtbare Laboer Marine-Ehrenmal und das in Europa einzigartige U-Boot-Museum nahe dem Ehrenmal. Das Marine-Ehrenmal (Grundsteinlegung 1927) ist eine internationale Gedenkstätte für alle auf den Weltmeeren gebliebenen Seeleute. Das expressionistische Bauwerk wurde vom Architekten Munzer entworfen.

Kiel's environs

Navy Memorial at Laboe

Special attraction for visitors of Kiel are the navy memorial at Laboe, which is visible far beyond the Kiel fjord, and the nearby submarine museum, the only one of its kind in Europe. The navy monument (the foundation stone was laid in 1927) is an international memorial for all mariner who died at sea. The Expressionist construction was designed by the architect Munzer.

Les environs de Kiel

Le Mémorial de Laboe

Un des principaux centres d'attraction pour les visiteurs de Kiel est ce mémorial naval visible au-delà du fjord ainsi que le musée du Sous-Marin qui est voisin du mémorial et unique en son genre en Europe. Le monument, dont la première pierre a été posée en 1927, est un mémorial international dédié à tous les marins ayant perdu la vie sur les océans du globe. On doit ce bâtiment expressionniste à l'architecte Munzer.

Schwentinemündung

Ein beliebtes Ausflugsziel für Kielerinnen und Kieler liegt zwischen dem Rosensee und der Schwentinemündung in Kiel-Neumühlen. Das Naherholungsgebiet Schwentine bietet einen Wildpark, Apfelplantagen und seltene Vögel wie den Eisvogel, Pirol oder Flussuferläufer, die man von Booten aus beobachten kann. Der schiffbare Flussabschnitt endet vor der Oppendorfer Mühle und von hier aus führt ein wildromantischer Fußweg durch ein Naturschutzgebiet und den Schwentinepark.

Schwentine Mouth

A popular destination for excursions from Kiel is situated between Rosensee and the mouth of the river Schwentine at Kiel-Neumühlen. The local recreational area 'Schwentine' has attractions like a game park, apple plantations, and rare birds like kingfishers, orioles or sandpipers, which can be observed from boats. The navigable part of the river ends before you get to Oppendorfer Mühle (Oppendorf Mill). From here a rugged and romantic footpath leads through the nature reserve and the Schwentine Park.

L'embouchure de la Schwentine

Ce but d'excursion apprécié des Kieloises et des Kielois se trouve à Kiel-Neumühlen, entre le lac Rosensee et l'embouchure de la Schwentine. La zone de détente de la Schwentine comprend un parc animalier, des vergers de pommiers et des oiseaux rares tels le martin-pêcheur, le loriot ou le chevalier guignette qu'on peut observer à partir de bateaux. La partie navigable du fleuve se termine devant le moulin d'Oppendorf. La promenade continue alors à pied par un chemin des plus romantiques à travers une réserve naturelle et le parc de la Schwentine.

Freilichtmuseum Molfsee

Das Freilichtmuseum Kiel-Molfsee ist das größte Museum seiner Art in Norddeutschland und wurde 1965 eröffnet. 70 alte Katen und Bauernhäuser sind originalgetreu wiederaufgebaut worden. Sie vermitteln einen lebendigen Eindruck aus dem Leben der Menschen in den vergangenen Jahrhunderten. Das rechts abgebildete Torhaus ist der Eingang zum Freilichtmuseum. Es ist im Jahre 1972 nach Plänen des Baumeisters Georg Greggenhofer erbaut worden. Die alte Kate (unteres Bild) stammt aus der Gemeinde Süsel-Großmeinsdorf in Ostholstein.

Open Air Museum Molfsee

The open air museum at Kiel-Molfsee is the biggest of its kind in northern Germany. It opened in 1965. A total of 70 ancient small cottages and farm houses have been re-built true to the original layout. They provide a vivid impression of the living conditions of previous centuries. The gate house on the right is the entrance to the open air museum. It was built in 1972 according to design from the master builder Georg Greggenhofer. The ancient cottage in the lower picture comes originally from Süsel-Großmeinsdorf in East Holstein.

Musée en plein air de Molfsee

Le musée en plein air de Kiel-Molfsee est le plus grand de ce genre du nord de l'Allemagne et a été inauguré en 1965. 70 vieilles chaumières et fermes y ont été fidèlement reconstituées et donnent une idée de la façon dont les gens vivaient autrefois. On entre au musée par le pavillon d'entrée de la photo à droite. Il a été construit en 1972 d'après des plans de l'architecte Georg Greggenhofer. La vieille chaumière de la photo du bas vient de la commune de Süsel-Großmeinsdorf (Holstein oriental).

Möltenorter Hafen

Der Hafen liegt auf der Sonnenseite der Kieler Förde. Er besteht aus einem Jachthafen (200 Liegeplätze) und einem Fischereihafen mit an die 110 Liegeplätzen. Berufsfischer bieten regelmäßig ihren Fang zum Verkauf an.

Möltenort Harbour

The harbour is located on the sunny side of the Kiel Fjord. It consists of a yachting harbour (200 berths) and a fishing harbour with 110 berths. Professional fishermen regularly market their catch here.

Port de Moltenort

Ce port est situé du côté exposé au soleil du fjord de Kiel. Il consiste en un port de plaisance de 200 places et un port de pêche d'environ 110 places. Des pêcheurs professionnels proposent régulièrement leurs prises à la vente.

„Gerettet"

Die Plastik des Künstlers Adolf Brütt, ein Zweitguss, steht am Möltenorter Hafen, dem idyllischen Fischereihafen des Ostseebades Heikendorf, gut 15 km von der Kieler Innenstadt entfernt. Das Original ist 1887 entstanden. Der ursprüngliche Name dieser Bronzeskulptur war „Der Fischer", heute „Gerettet", und stellt die Rettung einer jungen Frau aus Seenot dar. Sie erinnert an die große Zeit namhafter Impressionisten und Spätimpressionisten aus Heikendorf, das damals ein Künstlerdorf war. Seit dem Jahre 2000 gibt es dort das „Künstlermuseum Heikendorf-Kieler-Förde", das diese produktive künstlerische Zeit wieder ins Bewusstsein bringt.

"Gerettet" ('Saved')

The sculpture of the artist Adolf Brütt is situated at Möltenort harbour, the idyllic fishing harbour of the seaside resort Heikendorf about 15 km from Kiel's city centre. This is a second cast, the original of which was made in 1887. Initially, the sculpture was named 'Der Fischer' (The Fisherman), today it is called 'Gerettet' (Saved). It depicts the rescue of a young woman from drowning. It reminds us of the great period of famous impressionist and late impressionist artists from Heikendorf, which at that time was and artists' colony. In 2000, the community initiated a museum, the 'Künstlermuseum Heikendorf-Kieler-Förde' to remind the public of this productive artistic period.

«Sauvée»

La copie d'une statue de l'artiste Adolf Brütt se dresse au port de Möltenort, le port de pêche idyllique de la station balnéaire de Heikendorf, à bien 15 km du centre de Kiel. L'original date de 1887. Ce bronze d'abord baptisé «Le Pêcheur» s'appelle maintenant «Sauvée» et représente le sauvetage d'une jeune femme de la noyade . Il rappelle le souvenir de la grande époque des peintres impressionnistes renommés de Heikendorf qui était alors un village d'artistes et abrite depuis 2000 le musée «Künstlermuseum Heikendorf-Kieler-Förde» qui a pour but de ranimer le souvenir de cette période artistique féconde.

Kieler Woche

Alle Jahre wieder treffen sich auf und um die Kieler Förde herum Tausende von Schiffen und noch viel mehr Gäste aus aller Welt. Kiel ist in diesen zehn Tagen (nicht etwa sieben!) im Juni das Mekka des internationalen Segelsports. Hier begegnen sich Marinebesucher, Diplomaten, Parlamentarier, Künstler, aber auch unzählige einfache Besucher, insbesondere Familien mit ihren Kindern und erleben auf diesem Fest der Superlative die sprichwörtliche Kieler Gastfreundschaft hautnah.
Wer hätte gedacht, dass, als im Jahre 1882 erstmalig 20 Jachten auf der Kieler Förde ein Wettrennen veranstalteten – organisiert vom Kieler Yacht-Club (KYC, auch KÜZ genannt) – daraus einmal Nordeuropas größtes Volks- und Hafenfest werden würde. Kieler Woche? Da muss man hin, ist schließlich Kult. Auch bei Schietwetter.

Das Bild links zeigt die „Stadt Kiel" als Begleitboot, bunt geschmückt und voll besetzt, inmitten der vielen Hundert Boote. Im Hintergrund das Kieler Ostufer mit dem Stadtteil Gaarden.

Kieler Woche (Kiel Week)

Every year thousands of ships and even more visitors from all over the world congregate on and around the Kiel fjord. During these ten (not seven!) days in June Kiel is the Mecca of international sailing. Marine visitors, diplomats, parliamentarians, artists, and countless ordinary people, especially families with children, meet during this superlative festival and enjoy the proverbial hospitality of Kiel.
When in 1882 the first race on the Kiel fjord was organised by the Kieler Yacht-Club (KYC, also known as KÜZ) with 20 boats, who would have thought that this would develop into the biggest fair and harbour festival of northern Europe. Kiel Week? A must. After all, even in foul weather it's the most fashionable of events.

The photograph on the left shows 'Stadt Kiel' (City of Kiel) with colourful decoration and full of passengers accompanying the boat parade, in the midst of hundreds of other boats. In the background Kiel's eastern bank with the city district of Gaarden.

Kieler Woche

Des milliers de bateaux et encore plus de visiteurs venus du monde entier se retrouvent chaque année dans le fjord de Kiel et ses environs. Pendant ces 10 jours de juin (et pas sept!), Kiel est la Mecque du sport de voile international. Ici se rencontrent navigateurs, diplomates, parlementaires, artistes mais aussi un nombre incalculable de simples visiteurs, particulièrement des familles avec leurs enfants, qui à l'occasion de cette fête des superlatifs découvrent de près l'hospitalité proverbiale de Kiel.
Qui aurait pensé, lors de la première régatte de 20 yachts organisée en 1882 dans le fjord de Kiel par le KYC (ou KÜZ), que cela se transformerait un jour en la plus grande fête populaire d'Europe du Nord. Il ne faut absolument pas manquer la Kieler Woche. Même par mauvais temps.

Sur la photo à gauche on voit le «Stadt Kiel» bondé et joyeusement décoré accompagner la parade au milieu de centaines d'autres bateaux. À l'arrière-plan, la rive gauche de Kiel avec le quartier Gaarden.

Eine Attraktion der Kieler Woche ist die große Windjammerparade, an der sich über hundert Barkentinen, Briggs, Barken, Gaffel- und Topsegelschoner sowie vier- und fünfmastige Vollschiffe aus allen Teilen der Welt ein Stelldichein geben. Besucher können dieses Schauspiel entweder von einer Armada von Begleitbooten oder von exponierten Standorten aus wie Mönckeberg, Möltenort oder Friedrichsort (Leuchtturm) miterleben.

One attraction of Kiel Week is the great Windjammer parade, in which more than a hundred barquentines, briggs, barks, gaff and top sail schooners as well as four- and five-masters from all parts of the globe participate. Visitors can watch the event from a fleet of accompanying boats or from exposed vantage points like Mönckeberg, Möltenort or Friedrichsort (lighthouse).

L'une des attractions de la Kieler Woche est la grande parade de voiliers à laquelle participent plus de cent goélettes de toutes sortes, bricks, barques, quatre et cinq-mâts venus du monde entier. Les visiteurs peuvent assister à ce spectacle de l'un des nombreux bateaux qui accompagnement la parade ou des hauteurs de Mönckeberg, Möltenort ou Friedrichsort (phare).

Die Kieler Woche – ein Riesenspaß für Menschen jeden Alters!

Kiel Week – enormous fun for people of all ages!

À la Kieler Woche, petits et grands s'en donnent à cœur joie!

Die Kieler Woche fest im Blick.

A steady view at Kiel Week.

Les yeux fixés sur la Kieler Woche.

Von allen Seiten | From All Sides | Visible de partout

Der Kieler Riese

Dieser „Riese“ oder „Lulatsch“, wie die Kieler ihren Turm liebevoll nennen, ist das Wahrzeichen Kiels schlechthin. Mit seinen 230 Metern Höhe überragt er alle Gebäude der Stadt um Längen und ist für jeden Besucher der Landeshauptstadt sichtbar, jedoch für die Öffentlichkeit nicht zugänglich.

Der Fernmeldeturm entstand 1973 im Grünen, im Viehburger Gehölz, und wurde 1976 betriebsbereit fertiggestellt. Die zunehmende Anzahl der Hochhäuser, die den Empfang von Fernsehsendungen beeinträchtigten, vor allem aber die Verbesserung des Richtfunkverkehrs, erforderte einen erheblich höheren Fernmeldeturm, schließlich sollten ca. 1800 Ferngespräche gleichzeitig übermittelt werden können. Für dieses höchste Bauwerk in Schleswig-Holstein, das im Fundament einen Durchmesser von 30 Metern hat, wurden 1100 Tonnen Baustahl und 7000 Kubikmeter Beton verarbeitet. Ganze 40 000 Schweißstellen mussten miteinander verbunden werden.

The Kiel Giant

This ‘Giant’ or ‘Lulatsch’ as the locals have affectionately dubbed their tower is the symbol of Kiel par excellence. With its height of 230 metres it tops all other buildings in Kiel by lengths and is visible for all visitors of the state capital, but not accessible for the public.

The building of the telecommunications tower began in1973 on the outskirts of Kiel town in Viehburger Gehölz (Viehburg copse). It was completed and operational in 1976. The increasing number of high-rise buildings which were interfering with television reception as well as the necessary improvement of directional radio communications had created a need for a substantially higher telecommunications tower, after all, it was supposed to handle about 1800 long distance calls simultaneously. It is the highest building in Schleswig-Holstein. Its foundation has a diameter of 30 metres, and all in all 1100 tons of steel and 7000 cubic metres of concrete were used to build the structure. A total of 40,000 welding points had to be joined.

Le géant de Kiel

Le «géant» ou l’«escogriffe», comme les Kielois appellent affectueusement leur tour, est l’emblème de Kiel. Avec ses 230 m de hauteur, elle domine les monuments de la ville et est visible pour tous les visiteurs de la capitale du Land mais n‘est cependant pas ouverte au public.

Cette tour de télécommunication édifiée en 1973 dans le bois de Viehburger Gehölz est entrée en service en 1976. Le nombre toujours croissant de tours rendant la réception des émissions de télévision de plus en plus mauvaise et surtout le besoin d’améliorer les transmissions hertziennes ont rendu nécessaire l’édification d’une tour de télécommunication beaucoup plus élevée. Il fallait bien pouvoir transmettre simultanément environ 1800 appels téléphoniques. 1100 tonnes d’acier, 7000 m^3 de béton et 40 000 soudures ont été nécessaires à la construction du plus haut édifice du Schleswig-Holstein dont les fondations ont un diamètre de 30 mètres.

Weitere Bücher aus dem Wartberg Verlag für Schleswig-Holstein

Karl-Heinz Groth
Aufgewachsen in Kiel
in den 40er und 50er Jahren
ISBN 978-3-8313-1874-2

Karl-Heinz Groth
Aufgewachsen in Kiel
in den 60er und 70er Jahren
ISBN 978-3-8313-2001-1

Ingrid Jenckel
Freizeitführer Ostsee
Schleswig-Holstein
ISBN 978-3-8313-2111-7

Annerose Sieck
Freizeitführer Nordsee
Schleswig-Holstein
ISBN 978-3-8313-2110-0

Karl-Heinz Groth/Werner Otto
Kiel
Gestern und Heute
ISBN 978-3-8313-2238-1

Brigitte Cleve/Thomas Raake
Flensburg
Gestern und Heute
ISBN 978-3-8313-2250-3

Wartberg GmbH & Co. KG
Im Wiesental 1 | 34281 Gudensberg
www.wartberg-verlag.de

Bücher für Deutschlands Städte und Regionen
Tel. 05603-93050 | Fax 05603-930528
www.kindheitundjugend.de